La rima col pelo

poesie tra le gambe dal profondo del cuore

Mastro Marietto

introduzione

Quid Sebastian

illustrazioni

Sir Thomas

La rima col pelo

poesie tra le gambe dal profondo del cuore

Autore: Mastro Marietto

Finito di scrivere nel mese di Novembre 2012

ISBN: 978-88-908126-0-6

Sito web: www.larimacolpelo.com

e-mail: larimacolpelo@gmail.com

Si ringrazia Quid Sebastian per le splendide parole usate nella sua introduzione e Sir Thomas per le accattivanti illustrazioni.

BLOG di riferimento: larimacolpelo.com

INDICE

- - -

In principio era il verbo... No, in principio era il sesso.

Antonio Gramsci, *Letteratura e vita nazionale,* 1950

INTRODUZIONE

Scrivere. Scrivere per raccontare, scrivere per dire, scrivere per chiedere, scrivere per analizzare, scrivere per scrivere, di una passione che ti scorre dentro, dal cervello al cuore, rapida, se ne sguscia tra le arterie dei tuoi pensieri, fino a diventare poetica ossessione.

Divinità terrena di un popolo devoto, <<Lei>> non era mai stata raffigurata da un tratteggio così delicato, così morbido, « ainsi poétique », per dirla alla Napoléon.

Attraverso la Poesia, Mastro Marietto riesce a cogliere ciò che da secoli è il soggetto di mille citazioni , ciò che da anni è il complemento oggetto di mille intenzioni, ciò che sempre accomuna gli uomini, e non solo, di un Pianeta che si presenta come infinitamente variegato, ma che in realtà è più omogeneo di quanto si possa pensare, per lo meno nei suoi tratti primari. La semplicità e l'originalità con cui l'autore La contestualizza nella realtà di questa epoca, evidenzia come in fondo <<Lei>> sia il perfetto trait d'union per tutto ciò che ci circonda, che sia politica, società, scienza, giurisprudenza, musica o vita vissuta, da un sopraffino intenditore. Educati e divertenti, questi versi arrivano dritti dove devono arrivare, senza seguire alcun percorso prestabilito.

A qualche anno dalla realizzazione di un romanzo per ora pubblicato soltanto in Andalusia, « Il Nome della Cosa », Mastro Marietto decide di percorrere una nuova avventura letteraria, questa volta seguendo il circolare flusso delle stagioni: la pigiatura dialettica parte carica di aspettative in Autunno, s'irrigidisce un pochino con l'arrivo del gelido Inverno salvo poi sbocciare nella sua più fresca irruenza con la comparsa della Primavera, sino a denudarsi di splendore quando giunge la bollente Estate. L'autore ci accompagna in dodici mesi di estatica frenesia, frenetica estasi, che dura purtroppo un solo giro di calendario.

Le riflessioni che scaturiscono dalla lettura di queste rime saranno sicuramente molteplici, svariate e soggettive, ma di una cosa sono sicuro in maniera oggettiva : alla fine del libro ogni lettore avrà una incredibile e smisurata voglia di trasformare la poesia... in prosa!

Quid Sebastian

POESIE AUTUNNALI

- - -

Il sesso non è tutto, ma senza il sesso tutto è niente.

Roberto Gervaso, *La volpe e l'uva,* 1989

Tutto ebbe inizio con una rima col pelo...

Non è più l'innominata, ormai la gnocca è bistrattata;
dai politici ai romanzieri, i discorsi son sempre meno seri!

Pochi anni or sono era un tabù, oggi anche un blog non fa più scoop.

Questo libro vuole essere una ode al pelo, dunque mi rivolgo al cielo:
fammi cadere fino all'ultimo capello, ma mai smettere di farmi rizzare l'uccello!

Non c'è nulla di più importante della patata: in suo onore ci sono state guerre, rivoluzioni e malumori, ma anche tanti piaceri e notti intense di sudori.

Date sfogo al vostro estro, non lasciatemi essere l'unico maestro
di quest'arte tanto amata ma da pochi acclamata.

I commenti saranno motivo di arricchimento, non di tormento,
cercate quindi di essere raffinati e arrapati ma mai volgarmente apostrofati.

Lasciamo che queste pagine siano un'ispirazione agli amanti del gentil sesso,
senza aprine un processo.

La vagina ed il pene – La Genesi

Adamo, il primo, era imperfetto
e sicuramente non lo si ricorda per l'intelletto;
Eva, seconda, molto migliore a letto
e anche più bella d'aspetto.

Per la prima donna Dio aveva pensato al sambuco,
ma siccome il giardino ne era privo,
le lasciò un bel buco,
incidendone il contorno con legno d'ulivo.

Tutto diverso fece al compagno,
al quale Dio installò un bel ramo
con l'avanzo del castagno
finché non assaggiò la mela, povero Adamo!

Lasciato l'Eden han perso entrambi la fede,
idee confuse e forte disorientamento,
ma lontani dal serpente è nato un erede
dopo giornate a far sesso senza alcun pentimento.

Ad Eva cominciò ad entusiasmare l'anale
perché aveva a cuore la felicità del consorte;
l'impotenza così non fu più un gran male
e poterono divertirsi fino alla morte.

Di Belen innamorato

Tutti parlan del gattino
sdraiato nell'angolo del lettino,
io proprio non l'ho notato
sarà ch'ero in tutt'altro concentrato.

E' da giorni che non si parla d'altro
attirati da quel visino scaltro
dell'argentina eccitata
ma da uno solo abusata.

Quanta invidia ho scorto dalle parole di molti
che toccando l'argomento sembravan risorti
come da anni non si vedeva;
pareva avesser di nuovo liberato Mandela!

Quel Tobias sembra possederla per bene
anche se non può dire di avere un grosso pene,
infatti gli mancano le dimensioni del porno attore
ma nessuno può negare che ha una lingua come un trattore!

Arriviamo però a descrivere l'oggetto del desiderio
(fate silenzio perché il discorso si fa serio),
si tratta proprio di un bel fiorellino
in mezzo ad un bosco senza alcun abete o pino.

Piccole labbra ammiccanti di colore roseo acceso,
un contorno di sapore flambé molto coeso
ne concludono la descrizione,
ma non l'evidente erezione.

"AHI por Dios" risuonerà alle nostre orecchie
finché non saranno vecchie;
"gli occhi non me li lavo più"
diranno tutti quelli che si sono fatti una sega tirandosi la patta
su e giù!

La Rodriguez sarà ora difficile da scordar
per lo spettacolo che ci ha fatto mirar,
ma se lo show deve andare avanti
anche il suo dietro regala emozioni allucinanti!

- - -

Fica: è l'enigma. E' brutta, laida, umidiccia, maleodorante, percorsa
nei due sensi da deiezioni. Fa schifo. Non ha una forma definita, è un
buco slabbrato, un vuoto, un'essenza. Se la donna non l'avesse
sarebbe perfetta. Ma senza questo oggetto inqualificabile, l'"insetto
fica" come la chiama con disprezzo qualcuno, l'erotismo non sarebbe
possibile.

Massimo Fini, *Dizionario erotico,* 2000

Carlà diventa mammà (2012)

La finestrella si è spalancata
e da lì una bimba è nata!
Complimenti a quella gnocca di Carlà
che ha fatto diventare Sarkozy ancora papà.
Giulia è il nome della nuova arrivata
ma su di lei non mi permetterei mai di commentare la patata,
voglio solo fare un "in bocca al lupo" alla nascitura
affinché con lei la vita non sia dura.
Non so poi che dire della mamma emigrata
che per colpa della Brigata non è più rincasata;
ormai si sente Francesina
ma a noi italiani manca la sua vagina!
Lo dico in tono sarcastico
mentre la mia bocca fa un movimento elastico:
ormai chissefrega se l'abbiam perduta
lasciamo al presidente metterlo in buca!
Immagino la faccia del povero papà
che oltre a salvare la Grecia non potrà scopà,
non so voi che idea avete della gnocca partoriente
ma a me han detto che per qualche settimana non è
accogliente.
Lasciamo quindi godersi la loro intimità
e rispettiamo questa volontà;
ma non stupiamoci di vedere Nicolas solo al ristorante
o magari in un angolo a svuotare l'idrante.

Le ragazze del Grande Fratello 12

Peccato che con quel seno prosperoso
Alessia non faccia parte di questo cast curioso;
la piccola Mia si godrà la mamma
ma lasciatemi commentare quelle passerotte del programma.

Adriana è stata la prima ad entrare
ma se la lascierà far penetrare?
Molto carina nell'aspetto mette in mostra il reggipetto
e lo ammetto, le darei un bel colpetto!

La seconda vien da Roma e sotto quella bionda chioma
indossa sempre il perizoma;
si chiama Gaia e non è affatto impacciata
su di lei punto a qualche bella scopata.

Sofia è la nuotatrice
e non credo faccia l'attrice,
vuol passare per una Santa
ma entro tre puntate la vedremo a novanta.

Valeria è una settentrionale
e dallo sguardo non rifiuta l'anale;
si elogia della sua intelligenza
e con prudenza vi dico che il sesso per lei è un'urgenza.
Ad una concorrente non deve mai mancare Topolino
l'alternativa può essere solo un pompino;
Ilenia avrà il suo bel da fare con tutti sti maschioni
già mi pregusto i suoi soffioni!

Parliamo ora di Floriana
di un'antipatia disumana,
troverà pane per i suoi denti
e sarà sbattuta senza molti complimenti.

Poco mancava a Caterina

di mostrarci oltre al culo la vagina;
"chi ben comincia è a metà dell'opera"
son sicuro che la sua fregna non sciopera!

Claudia ci ha regalato un bel Burlesque
altro che segretaria da front desk.
Ho già visto le prime tette della trasmissione
ma che le gambe le tenga chiuse perché sposata, come da sua
ammissione.

Infine nella casa è apparsa una discotecara
che non sembra darla via cara;
Chiara è il nome dell'ultima entrata,
di lei si sa solo che c'e l'ha depilata!

A voi uomini del GF faccio una raccomandazione:
sfruttate appieno il vostro pisellone!

Lettera al Presidente Berlusconi

Caro presidente,
Mi permetto del darti del tu perché come me non utilizzi quei fastidiosi hatù.
Ti scrivo perché voglio congratularmi con la tua ultima missiva che inquadra la giusta rotta del nostro paese, anche se forse un po' tardiva!
Sei stato eletto col voto supremo,
ma in questi anni più volte la nostra sopportazione l'hai portata all'estremo;
in numerose occasioni sei stato indifendibile
con battute e atteggiamenti che han dell'incredibile.
Vero che il bunga bunga ci ha fatto sorridere e – per certi versi - andare orgogliosi del nostro presidente
ma nel mondo siamo passati per un popolo decadente con un esecutivo inconcludente.
Ricorda che se in questi anni le riforme promesse erano già fatte
la gente avrebbe perdonato molte più tue malefatte.
Caro presidente lasciatelo dire, non potevi trovare qualche più bella conterranea da punire?
Ruby Rubacuori non mi è mai piaciuta, forse era meglio muta perché fin troppo arguta nel raggirarti a tua insaputa!
Ora incrociamo tutti le dita, affinché l'Italia e l'Europa escan dalla crisi
senza sentirci circoncisi e ancora peggio dal mondo derisi.
Noi ti osserviamo da vicino perché ci teniamo al nostro destino!
Mi fan ridere tutti quei benestanti che vorrebbero pagare più tasse,
a loro voglio solo ricordare che l'aliquota IRPEF è diversa dal paese di Warren Buffett.
In conclusione ti dico che se hai bisogno di un consiglio non emettere solo un bisbiglio
ma urla forte "Forza Gnocca" e vedrai che anche sto giro il popolo abbocca

perché al mondo intero piace il frutto dell'albicocca.

Un pelo del pube può essere più forte del cavo atlantico.

Gene Fowler

Riccioli d'oro

Bionda dai riccioli d'oro
ti assaporo

A quel colore chiaro
offrirei denaro

Trovarla è una rarità
e per lei andrei a carità

Ti bacio tutte le labbra
fino alla scabbia

Ma alla fine rimane un'unica verità
che è bene ricordà:

"Bionda, beato chi ti sfonda"

Schizzetto di Halloween

Perché ti travesti
di colori funesti ed invece non ti strappi le vesti?

La morte è una somiglianza che proprio non hai
tu che resusciti anche quelli che indossano i sai.

Mi piace ricordarti allegra e scherzosa
e se proprio succede anche bella pelosa.

Tra 'dolcetto o scherzetto'
con te farei un bello schizzetto!

L'ansia sulla grossezza del pene è pari solo all'ansia per la piccolezza della fica. Non c'è donna al mondo che sarebbe lieta di scoprire di avere un'apertura larga come un collare per cavalli.

Germaine Greer, *L'eunuco femmina,* 1970

La sorca combatte la crisi economica

L'Italia rimane il paese più bello del mondo
anche se con un deficit che sfiora l'abisso più profondo.

Ma perché dobbiamo temere di fallire
quando abbiamo le più belle gnocche da accudire e di trombate
esaurire?

Non c'è dubbio che oggi siam mal governati e poco rincuorati
dal Silvio che della fica ne fa virtù
ma con gli spread che van sempre più su.

Tutti dicono che è ora che si faccia da parte,
ma non merita l'esilio come Bonaparte.
Almeno un pregio ce l'ha il nostro primo ministro:
la sorca prende sempre nove nel registro!

È vero che nella nostra società
senza soldi non puoi campà,
ma ogni tanto fatti una bella risata
che al nostro stato non mancherà mai la patata!

A Silvio

Silvio, rimembri ancora
quelle feste fatte prima della tua malattia,
quando beltà splendea
del tuo pene lungo e prosperoso,
e tu, lieto e giocoso, pensavi
al tuo futuro in politica glorioso?

Sonavan le rumorose
stanze, e le vie d'intorno,
al tuo perpetuo richiamo,
allor che tramavi come cambiare il nostro paese
sedevi, orgoglioso delle decisioni prese.
Era il lontano 1994: ormai parlavi il politichese
e così cominciò il tuo travagliato viaggio.

Hai passato il testimone
delle tue sudate società,
ove hai passato anni meravigliosi
con spicchi di grande caparbietà.
La gente cominciava ad ascoltare
le tue soavi parole di ricostruzione,
e per te eran pronti alla rivoluzione.

A Roma sei arrivato,
tutte le piazze e gli orti,
le città di mare e di monti,
i cuori di molti hai toccato ed
eri alquanto osannato.
 Che pensieri soavi,
che speranze, che inni e cori, o Silvio!

Eri già stato nominato come il salvatore
e "Forza Italia" veniva cantato con ardore!
Ci sono poi stati ribaltoni,
cambio di nomi,

ma sempre salivi
a palazzo Chigi fino a che non ci portasti sventura.

O Silvio, o Silvio,
perché non resi poi
quel che promettesti allor? perché di tanto
inganni i figli tuoi?

Tu prima ancora di aprire il panettone
nel 2011 hai subito l'ennesimo ribaltone,
così perivi, o tenerone. Ti potevi così
godere la tua vecchiaia;
chissà se ci mancherà
quella tua ricrescita parziale,
che attirava sguardi schivi e poco innamorati;
le donzelle non saran più adirate
ora che del tuo amore posson essere accoccolate.

Anche perìan da mesi
le dolci speranze di noi italiani: pensiamo
ai giovani che devon arrivare
e meno tasse pagare. Ahi come,
come passato sei,
compagno negli ultimi 17 anni,
poche lacrime mi sono rimaste!

Questo è il mondo? questi
i desideri, le speranze, le opere, le promesse,
di cui tanto ci hai illuso tutti?
questa è la sorte per tutte le cose omesse?
Se anche l'euro cade
tu, miseria, ci mandi in malora: e con la mano
la fredda mano ci facciamo una sega ignuda
e scendiamo in piazza per un gran baccano.

I 5 sensi della gnocca

Quella pozza per terra
non l'ha fatta Isabella:
è l'acqua accumulata nel tombino,
non dalla sua folpa eccitata nel fare un pompino.

Il rubinetto sta sgocciolando,
Luisa si stia facendo un bagno?
Forse sì, ma tu prepari a delle autolubrificazioni
perché a lei sono arrivate le mestruazioni.

Se percepisci un forte tasso di umidità
dimostra la tua maturità
e non dare subito la colpa a Martina
perche si è chiusa in bagno da stamattina.

Quando invece senti il magico olezzo vaginale
preparati a farle del male
perché questa volta è Roberta ad essere bagnata
e vuol solo essere penetrata.

Se il suo gusto ti ha reso completamente inoffensivo
non essere troppo concessivo
perchè se ti capita Luana
meglio che sostituisci il tuo pene con una banana!

Pippa Middleton

Se hai visto la diretta su Rai Uno,
ti sarai accorto che all'inizio non la riconosceva nessuno:
è arrivata lei bella, abbronzatissima e di biancovestita
e la gente al suo passaggio era completamente ammutolita.
Stiamo parlando della bella Pippa, cognata del principe azzurro
al quale piacciono i biscotti al burro.
L'ho sognata notti intere
con grandi o piccole pere,
il mio imperativo era ben chiaro
scoparla dura e rubarle il denaro.
Me la immagino sdraiata sul mio letto
che a gambe aperte mi fa dimenticare la sua immagine da
angioletto,
io la tocco proprio là,
ma non dubitate puzza sempre da baccalà!
Poi mi sveglio tutto infreddolito
senza lenzuola e con al culo un dito:
mi son forse bagnato con una Pippa,
ci sta, lei proprio mi ingrippa!

- - -

Tutte credono che la loro fica sia brutta. Tutte si trovano dei difetti
fisici. Persino le modelle e le attrici, persino le donne così belle che
penseresti che non debbano avere alcuna preoccupazione, non fanno
che preoccuparsi.

Enrine Jong, *Paura di volare,* 1973

Governo Monti non sbagliare a fare i conti

A livello economico siamo entrati nella tempesta perfetta
perché al Governo nessuna gnocca sarà eletta;
già mi manca la Prestigiacomo e la Carfagna:
quella era proprio una bella castagna!

Nonostante tutto proviamo a dare fiducia al Prof. Monti
che metta a posto tutti i nostri conti
e non faccia come tutti quei camaleonti
che non ci han concesso i promessi sconti.
Siamo tutti sfiduciati da questa politica
ma in coro ti diciamo: "almeno regalaci più FICA"!

Che sia bionda, rossa o nera
facci uscire dalla bufera,
so che non possiedi la magica sfera
ma io sono pronto a risponderti con l'alzabandiera!

Dunque ascolta questo consiglio,
ringiovanisci il tuo esecutivo
perché per farci uscire da questo groviglio
c'è bisogno di un forte incentivo.
Concludo quindi con un ultima critica:
"regalaci più FICA"!

Folpa VIP vs Sorca Popolare

Mi sono sempre chiesto,
in modo assai molesto,
se la folpa vip
fosse più chic!

Una la immagino più curata
mentre l'altra assai arruffata,
la prima decisamente più profumata
la seconda addirittura non depilata.

Se a prima vista
la folpa VIP sembra una gran conquista
allora forse non hai capito
che lì non basta infilarci un dito
ma devi darti da fare per penetrarla a fondo
visto che lì, forse, c'è entrato il mondo!

Non dico che ti devi dedicare solo a verginelle
- anche se sono convinto siano le più belle -
ma che una sorca conquistata
è 100.000 volte meglio di una folpa regalata.

Ossuto buco

Ossuto buco
Che ti bagni con lo sputo,
Offro a te un aiuto
Con il mio attributo!
Non soffiarci come un semplice liuto
trattalo col velluto
quell'arnese paffuto
altrimenti non ci mette il contributo!
Quando il buco imbevuto
è compiaciuto
ringrazia che l'attributo non sia eunuco
e gli richiede di rinfilare il bruco
finché definitivamente caduco.
Alla fine ti saluto
con uno starnuto
non prenderlo come un rifiuto
è che sono combattuto!

- - -

Una ragione per cui le donne sono assai gratificate dai rapporti
orogenitali è che è come sentirsi dire: "La tua fica mi piace. Potrei
mangiarmela".

Enrine Jong, *Paura di volare*, 1973

Patatine in brodo

Se ti piace profonda
allora opta per una bionda;
se la vuoi mora
sappi che ne vuole ancora ed ancora;
per una gnocca umettosa
rossa deve essere la sposa.
Con una tutta depilata
viene fuori una maialata,
se invece preferisci quella pelosa...
osa.

C'è però un'unica condizione
per avere entrambi la migliore eccitazione:
la passera deve essere umidissima
e la penetrazione profondissima!
"Patatine in brodo" - ed io godo.

- - -

Ci si perde, ci si inabissa, ci si annienta nell'esaminare una graziosa
fica, si vorrebbe non essere altro che un cazzo per potersi fare
inghiottire.

Jean-Charles Gervaise de Latouche, *Histoire de Dom Bougre, portier*
des Chartreux, 1740

La verginella

Sul letto dei genitori
eri lì con due tori;
Avevi perso una scommessa
e gliela avevi promessa.
Ti piaceva toccarti tra le gambe
perché provavi sensazioni strambe;
sentivi il clitoride irrigidirsi, la vagina inumidirsi e con
l'orgasmo la schiena inarcarsi.
Non vedevi l'ora di provare il sesso vero
che alla tua età era ancora un mistero;
Eri sicura di avere ancora l'imene tutto intero,
Questo era il tuo unico pensiero!
Perché poi sei cascata nel tranello
di quel pischello,
e così hai visto e provato il tuo primo pisello?
Ti eri immaginata tutta un'altra scena
ma ti sei ritrovata con una grande pena.
La prima volta non si scorda mai,
ti sei cacciata nei guai.

Un anno di tagli (2012)

Ci hanno tolto la Prestigiacomo e la Carfagna,
ci hanno ridato l'ICI...
mi sembra il solito magna magna
ma qualcosa c'è stato a renderci felici:

Nuovi tagli alla politica e
si avvicina l'abolizione delle Province;
in quest'era paleolitica
chi tiene duro vince.

La linea sembra essere quella giusta:
"più tagli per tutti" doveva essere il motto di Berlusconi
altro che la sua politica vetusta
con la quale si è giocato anche Maroni.

Attendo anche io il mio taglio
per fine anno,
nero, umido e profondo deve essere il mio bersaglio
affinché mi faccia vivere il migliore anno.

Vaginoplastica

Lei vi ama
perché modificarla a vostro piacimento
dandole solo un gran tormento

Lei è bella così
non ha bisogno di nessun ritocco
ma di tanto balocco

L'imene
anche se è rotto
accetta un pisello barzotto

Le grandi labbra
anche se ti sembrano deformate
vanno ancora più amate

Il clitoride
guai al medico che lo tocca
lei rimane la più bella cocca

Perché poi la vuoi ringiovanire
anche alla sua età è bella da morire!

La velina ed il calciatore

Striscia ha creato un cult
e alle Veline ora non si può dare un ALT;
sono diventate talmente famose
da avere vite pompose e poi diventare spose
di quei bei fustacchioni
bravi a calciar palloni.

Su Novella 2000
si legge la loro trafila
di vacanze e tradimenti
che fan trasparire falsi sentimenti.

Io ci provo un gran piacere
a sfogliare quelle pagine di pere
con dei culi stupefacenti
e delle gnocche compiacenti.

Non a caso Velina fa rima con Vagina,
ma Calciatore poco c'entra con maschione,
eiaculatore è più corretto
e non sempre di bell'aspetto!

La nostra è tutta invidia
faremo prima a farci prendere dall'accidia
perché quelle Passere non ci cagano di striscio,
diamoci dentro con la crema che ce lo rende più liscio.

La depilazione

Se usi il silk epil
vuoi avere sex appeal,
se ti fai la ceretta
non la vuoi tutta moretta.

Tutta pelosa non piace più a nessuno
forse solo ad un lottator di sumo;
neppur troppo depilata
è molto amata
allora forse una soluzione di mezzo
è ciò che piace più all'attrezzo!

Se ami farti il cespuglietto
devi avere qualche difetto
perché a noi piace tutta curata,
non siamo mica in un'epoca censurata.

Devo però darti la mia opinione:
quando vedevo le gnocche degli anni sessanta
godevo anche senza il mantra
rischiando la vostra derisione.

- - -

Anche il sesso della donna è politica: la sua vagina è conservatrice, il
suo clitoride rivoluzionario.

Françoise Parturier

Rossa accecante

Il rosso mi acceca
e nonostante sia il colore odiato dai tori
è adorato dai veri cultori;
non sto parlando di un prodotto da enoteca
ma di voglia bieca.
Fai ben attenzione
a quello che ti sto per dire
perché rischio di farti venire:
anche se la tua è una buona intenzione
devi essere pronto ad una invasione.

Quando la vedi da vicino
vorresti morderle le labbra
- che tu sia sulla neve o sulla sabbia -
e poi chiederle un pompino,
proprio come un bravo bambino.
Non voglio essere frainteso,
il sesso orale è solo per cominciare
e poter poi più facilmente scopare
fino a rimanere completamente steso
col ciccio indifeso.

All'epoca dei casini
la rossa valeva il doppio
perché ti regalava il migliore scoppio;
forse esagerava di bacini
ma non disdegnava per niente i pompini.
Se qualcuno pensa ancora
che la frittola rossa sia un'utopia
che la *iaculatio precocis* se lo porti via
la cosa mi addolora ma per poco ancora.
Perché non dovresti fidarti delle mie parole
sempre dedicate a diffondere sesso ed amore:
credi in me,
se ti scopi una rossa fai una trombata da re!

Gattina con gli stivali

Miagola miagola
che ti faccio svegliar io dalla favola,
perché non ho l'obiettivo di toglierti solo gli stivali
ma di farti dimenticare tutti i tuoi mali.

Sei bellissima quando fai gli occhi dolci,
fai innamorar tutti noi porci
che vogliamo raddrizzarti i peli,
poveri noi infedeli.

Sei una ladra gentildonna
che non indossi la minigonna
ma ti piace girare nuda
istigando una voglia cruda.

Alla fine fai un gesto educato
che non avrei pensato:
ti togli pure il cappello
e mi chiedi di mangiarmi l'uccello!

POESIE INVERNALI

- - -

L'uomo che mette incinta una sgualdrinella e poi la sposa, è come se cacasse nel proprio cappello e poi se lo schiaffasse in testa.

Samuel Pepys, *Diario,* 1825

Suggerimenti per Babba Natale

Non dimenticarti del mio camino
anche se non sono stato un bravo bambino
fammi un piccolo pensierino.

Fammi passare un bel Natale,
non voglio il solito ditale
che mi fa tanto male.

Ricordati che siamo in inverno:
tieni le gambe chiuse dall'esterno
che prendi freddo al suo interno.

Ciba e coccola le tue renne
drizza le antenne,
perché nel tuo vagabondare
dovrai darti molto da fare.

I tuoi gusti non li conosco bene
ma so che sei attratta dal pene
e che conosci l'indirizzo delle vagine
che ti hanno scritto le migliori letterine.

Buon Natale a tutti quanti e
non scordate di usare i guanti...

Vagina natalizia

Addobbata
devo essere ancora più amata
Natalizia
non rassegnarti alla pigrizia
Regalata
mi pare na stronzata
Sbucciata
non sono una vera patata
Strapazzata
finalmente mi hai adottata
Ingrassata
mi son proprio abbuffata

Si avvicina il Natale
con me devi fare il maiale

- - -

Dio ha fatto la ragazza e l'uomo ha fatto la donna.

François Béroalde de Verville, *Le Moyen de parvenir*

Vulva nel 2012

Negli ultimi anni le nascite hanno avuto un forte arresto
ed in TV, contrariamente, hanno arricchito il palinsesto;
c'è chi dice che una volta nascevan molti figli
perché non c'erano altri appigli;
sono un sostenitore dei nuovi mezzi di comunicazione
ma da loro non puoi aspettarti nessuna emozione!

Su internet la vulva è onnipresente
neanche fossimo tutti come il nostro ex-presidente;
se non ti fossi accorto si tratta però di un prodotto virtuale
che sia sesso vaginale o anale. A te che ti tocchi - "Maiale"!
Il computer oramai non è l'unico strumento di immagini
porno:
tablet, smart-phones e notebook permettono momenti di relax
in qualunque contorno.

La TV è un altro danno per noi veri scopatori
distratti dai 1.000 colori
di quella scatola sempre più appiattita
che mostra programmi in differita.

Esiste poi un altro problema da non sottovalutare:
ma veline così belle dovevano trovare?
L'illusione di tornare a casa con una di quelle cocche
par simile alla realtà rappresentata dalle filastrocche,
sono cose da calciatori
non per noi eiaculatori!

Torniamo a noi
e ti dirò ciò che vuoi...
Spegni il PC e la TV
e cerca di trombare di più!

Il Natale è arrivato

Il Natale è ormai alle porte
e l'emozione è sempre più forte,
Gesù Bambino è quasi nato
ed io mi sento fortunato.

Un gran anno è trascorso,
con tante gioie ed un rimorso.
Penserai forse che sia maturato
e non hai del tutto sbagliato.

La mia barba è oramai cresciuta
e la mia intelligenza si fa sempre più acuta
ma non tutto è cambiato:
della gnocca sono sempre innamorato!

Scende la neve

Con la neve che scende
la cattiveria al chiodo si appende
e con l'arrivo del Natale
si spegne ogni male.

Le luci ed i colori ci riempiono di gioia
ed offuscano la maledetta noia.
Il nostro cuore si riempie di affetto
sotto questo imbiancato tetto
i nostri pensieri che vengono dal cuore
vi fanno gli auguri con tanto amore.

- - -

L'immaginazione delle donne è molto rapida: balza in un attimo
dall'ammirazione all'amore, dall'amore al matrimonio.

Jane Austen, *Orgoglio e pregiudizio,* 1813

A tutta panna

Susanna tutta panna
Dammi la tua capanna
Che ci entro con la canna
E poi una grande nanna
Che sarà una manna
Per un'altra panna!
Anche te Gianna
Prima di farti quella canna
Sconta la tua condanna!
Con Marianna,
E tu Arianna
Attaccatevi alla mia zanna
E poi tutti a nanna
Con Susanna
Che ci canta la ninna nanna!

La vagina di Natale

La vagina di Natale
Trullallerola la la la laaaa

Le piace il pisello che sale sale
lalla la la la laaaa la la la laaaa

Falla godere tutta quanta
Tatta ta ta taaa ta ta ta taaaa

Non è mica una santa
Tatta ta ta taaa ta ta ta taaaa

Se si bagna la patacca
Cacca ca ca caaa ca ca ca caaaa

Vorrà dire che non si spacca
Cacca ca ca caaa ca ca ca caaaa

Tra il clitoride ed il culetto
Totto to to too to to to tooo

Preferisco il boschetto
Totto to to too to to to tooo

Con le tette a penzoloni
Oni oni oooo o o o ooo
Io vi faccio tanti auguroni
Oni oni oooo o o o ooo

Capodanno

Capodanno è alle porte,
speriamo non vada tutto a monte.

Io mi sento fortunato
la festa vicina sembra apparire
ma la gnocca fa finta di non capire.

Il divertimento sarà esaltante
e con lei ancora più eccitante!

- - -

Ogni donna la sua fortuna ce l'ha fra le gambe.

Honoré de Balzac, *Pensieri, soggetti e frammenti,* 1833

Epifania o gnocca mia

Guarda la befana spinta lungo la tramontana
Molti dolci ha trasportato
Chissà a me cosa ha regalato;
"Gnocca, gnocca!"
Esce dalla mia bocca,
ma lei con aria dispettosa:
"non dire più quella cosa!".

"E' un istinto da maiale
ma è più che naturale!".

Ma lei ancora più arrabbiata
Scappa via con una bella scopata!

Buoni propositi per l'anno nuovo

È cominciato il nuovo anno
come ormai tutti sanno,
è l'ora di fare il resoconto dei 12 mesi passati
sperando che siate stati molto amati.

I buoni propositi
devono essere dei veri spropositi
perché bisogna esagerare
se vuoi scopare.

Non accontentarti
anche se rischi infarti,
tu sei un predatore
che ha da offrire molto amore.

Dunque con l'anno nuovo
lascia stare il dolce stilnovo
perché ti fa cuccare poco
e tu hai un gran fuoco.

Non dare retta a tutti i proverbi
spesso troppo acerbi:
"chi fa l'amore il primo dell'anno
tromba tutto l'anno!"
E' una bugia
perché la magia
dell'amore
è più forte di qualunque tumore.

Gnocche al volante

Quando sei al volante
ed incontri una gnocca arrapante
non devi inchiodare
falle sentire il motore tuonare.

Il clacson devi farle udire
e poi tutti i suoi sogni esaudire;
caricala in auto
e suonale il flauto.

Se trovi invece una autostoppista
è la tua migliore conquista,
sono disposte a tutto
anche a cedere il corpo in usufrutto
pur di togliersi dalle difficoltà
e raggiungere la città.

Il detto: 'donna al volante
pericolo costante'
È una sacrosanta verità
ma se non vuoi vivere in austerità
non farglielo capire
e perdona ogni loro contraddire.

Frigida

Mentre trombi
e la sfondi
lei ti dice di fermarti
e di amarti
Credi di essere incapace
con la voglia di un rapace
ma la colpa è sua
non tua
Quel silenzio struggente
mentre lei si pente
è interminabile
irrecuperabile
Nella pausa
ragioni sulla causa
e dopo 1.000 domande
con in mano le mutande
trovi la soluzione: è rigida
trattasi di frigida!

Costa cara

Ormai sembra tutto chiaro
che il capitano è un somaro,
meriterebbe la galera a vita
per come è finita.
Dopo Titanic ecco la Concordia
che ci fa passare per un paese sempre in sbornia.
Ci sono anche degli eroi in quella nave,
a loro un brindisi non deve mancare!
Voglio solo dire un'ultima cosa:
'Bagnata si
ma annegata no.'

- - -

Resta dubbio, dopo tanto discorrere, se le donne preferiscano essere
prese, comprese o sorprese.

Gesualdo Bufalino, *Il malpensante*, 1987

Santa patata

In umido o in brodo
tu sei il mio sfogo e
con ardore trombo
quelle a vapore.
Alla mia tega dritta
piaci fritta,
Al mio salsicciotto
piaci al cartoccio,
al mio tornio
piaci al forno.
Con gli gnocchi
farei tanti pastrocchi...
lodata sia tu
santa patata!

L'inverno

Col freddo la fessura
va in clausura,
devi prendere il piede di porco
per penetrare quell'orto.
Se il laghetto si ghiaccia
nascondi l'erbaccia;
Se però vedi crescere gli abeti
puoi ammonire la fanciulla con dei peti,
un oggetto cosi bello non può essere trasandato
ma per tutta la vita amato!

- - -

Con le donne accade due volte di non saper cosa dire: all'inizio e alla
fine di un amore.

Gesualdo Bufalino, *Il malpensante,* 1987

Pelosa

C'è a chi piace
e a chi dispiace
ma ora è fuori moda
dunque tagliati l'aiuola.
Te lo dico con affetto
che adesso è un difetto
una gnocca tutto pelosa
a meno che non sia freddolosa.
Usa il rasoio
indossando solo l'accappatoio
è un'immagine troppo eccitante
per il mio uccello tonante.
Fai un piacere al tuo ragazzo
e al suo cazzo,
togli tutta la peluria
e concedetevi alla goduria!

Sarà Amore

Con lo sguardo mi ipnotizzi,
con la bocca mi incanti,
divento inoffensivo quando
sfiori i miei capelli rizzi
e se mi baci intensamente, mio Dio,
che sentimenti...

Queste possono essere parole ripetute
Mille volte e mille ancora,
ma alle tue orecchie sono sempre piaciute
mia dolcissima mora!

Non mi stanco di osannarti
per tutto quello che vali,
non finirò mai di acclamarti.

Per me ora sei così importante
da voler richiamare ogni Santo
perché ti amo tanto!

Ma davvero però..
Ora dammela.

Cannilingus

Se la lecchi bene
lei farà altrettanto con il tuo pene;
si riterrà fortunata
e ti chiederà di essere per sempre amata.
Riempila di complimenti
mentre le fai dimenticare dei tradimenti
e cogli qualche particolare della sua fregna
sempre che non ti debba trasformare in un taglialegna.
Osserva poi le labbra e scova il grilletto...
comincia il balletto;
toccalo lateralmente
e delicatamente
bagnandoti il dito
perché devi fare in modo non sia infastidito,
è un oggetto molto sensibile
anche se sembra facilmente accessibile.
Avvicinati poi al podere
sfiorandole il sedere
con la tua lingua vogliosa,
credo non serva la prosa.
Quando arrivi al centro
creale del turbamento,
non azzannarla in tutta velocità
ma lascia dell'equivocità.
Quando torni nel boschetto
troverai un brodetto
che aprendo la fessura
ti farà dimenticare ogni censura:
con la lingua su e giù devi fare
e le chiappe divaricare!
Se il clitoride si è indurito
deve esser punito
fino a farle raggiungere l'orgasmo
con entusiasmo.

La pecorina

Vuoi stimolare il suo punto G?
Falle allargare le gambe a V
e divertiti con la sua vagina
nella posizione a pecorina.
Il kamasutra insegna
che per fare impazzire la fregna
devi fare l'amore come un animale
senza però farle del male.
La penetrazione è molto profonda
e puoi toccarle tutto ciò che la circonda,
dal clitoride alle tette
devi strapazzarle quelle benedette.
L'uomo tira fuori la sua bestialità
la donna può non interessarsi delle faccialità
perché non vista in quel momento
e si dedica egoisticamente al godimento.
La posizione può essere fatta in qualsiasi posto
da Dicembre ad Agosto,
l'importante che lei si senta a suo agio
e non si faccia avanti il primo randagio.

- - -

I briganti ti chiedono la borsa o la vita: le donne le vogliono tutt'e
due.

Samuel Butler

Per la vulva colorata

O cara vulva,
nel tuo aure colorato
tutto farei con il mio fiato,
in sul fiore più fiorito
lui ci metterebbe un dito.
O cara vulva,
l'arancione ti circonda,
il verde non abbonda,
ma quel profumo matitato
perché non può essere da me penetrato?

- - -

Certe donne sono come i maestri di scherma: si fanno toccare per incoraggiare i principianti.

Achille Campanile, *In campagna è un'altra cosa,* 1931

Invernata

Gelata
Inchiappettata.
Bagnata
Infilzata.
Seccata
Trombata.
Amata
Scopata.
Insanguinata
Mestruata.
Patata
Penetrata.
Akuna matata
Chiavata.
Infiammata
Domata.

Zoccola

Sei bella
e pure porcella
allora dalla via
prima di diventare un'arpia.

Vedrai che ti piace
l'uccello vivace e fugace,
poi fuggi via
e mettiti l'anima in pace!

Il tuo obiettivo è ricevere una coccola?
Sei proprio zoccola!

Dall'estetista

Arrivi tu col pelo ritto
per far contento il moroso afflitto
da questa visione abominevole
di cui per il taglio è favorevole.

Parlo non solo delle sopracciglia
e dei peli nella caviglia
ma della lunga peluria nella patata
che è bella se non è esagerata.

So che la sofferenza della ceretta
è maledetta,
ma in questo modo sei OK per 15 giorni
e non hai bisogno di fare ogni 2h i contorni.

Una volta finito il lavoro
mostra il tuo oro
tra le gambe
dalle sere alle albe,
non ti devi vergognare
ma devi dimostrare
che la gnocca è sempre bella
tanto quanto la cappella!

San Valentino

Lui era un gran trombatore
oltre che un ottimo amatore,
in suo onore son contento di festeggiare
con quella con cui amo scopare.
Forse a non tutti piace questa festa
che crea solo un gran mal di testa,
ma lasciamo che l'amore ci circondi
e conquisti anche il re dei 2 mondi.
Facciamo regali ai nostri innamorati
che in questo giorno si devono sentire adulati,
aiutiamo l'economia
altrimenti le battone tornano in Romania... che mai sia!!!

L'amore rimane la cosa più bella del mondo,
questa notte penetrala nel buco più profondo.

Sanremo 2012

Quale festival della canzone,
quale tormentone,
è stata la solita buffonata
e garantisco che nessuna canzone sarà ricordata.
L'unica cosa bella
era Belen, quella gran porcella;
anche se è arrivata troppo tardi per toccarsi
era già ora di coricarsi.
Ha fatto bene Celentano a parlare di chiesa
ma mi aspettavo qualche maggiore sorpresa:
la Canalis doveva arrivare nuda
perché la sua dote artistica è proprio cruda!
Morandi mi è simpatico
e altrettanto selvatico,
non si presenta male
ma alle volte mi veniva voglia di cambiar canale.
E Papaleo non ha proprio fatto ridere,
avrebbe dovuto maggiormente incidere
con il suo sarcasmo meridionale
per farci tornare in mente Belen ed il suo sesso anale.
E Luca e Paolo non sono stati ripetitivi?
A tirar fuori il Cavaliere hanno fatto la figura dei primitivi
che fan di tutto per strapparci un sorriso
ma alla fine era meglio un calcio sul viso.
Direi quindi che la prima serata è stato un mezzo fallimento
per non parlare di un tormento,
speriamo in bene per le successive esibizioni
in cui però ho paura di non vedere dei cicloni.

La maschera

O del lupo o dell'agnello
con la maschera sei sempre bello,
Zorro e Batman ormai son passati
anche se da tutti amati,
travestirsi da omosessuale
vuol dire solo farsi del male,
della vulva vorrei essere avvolto
non son mica stolto.

Sfrutta la gnocca a Carnevale
quando ogni scherzo vale.

- - -

La sessualità fisica sta all'erotismo come il cervello al pensiero.

Georges Bataille, *L'erotismo,* 1957

Martedì grasso

Se vuoi essere irriconoscibile
ed apparire ineccepibile
copriti bene il musetto
e scopri quel magnifico uccelletto.

Usa tutta la tua sessualità
e magari metti alla prova la fertilità
perché oggi è martedì grasso
e devi darti allo spasso.

Non esiste solo il motto: "A Carnevale
Ogni scherzo vale"
ma anche quello che "A Carnevale
Devi fare il maiale".

La conquista

Quando un galletto corteggia la sua gallinella
per trombarsi la vaginella
porta con se una emozione proprio bella.
Quei momenti concitanti
mi hanno regalato dei pipponi devastanti
ma molto gratificanti.

La passione non deve finire mai
perché altrimenti son guai,
e mantenere un ricordo acceso dei primi tempi
aiuta a superare i momenti turbolenti.

Ma dopo queste dolci parole
tiriamo fuori le pistole
e pensiamo solo al sesso
in questo periodo di recesso.

- - -

Senza religione (cristiana in particolare) l'erotismo è meno
interessante. Più uno è cristiano, più gode.

Luis Buñuel, *Le Nuovel Observateur,* 1967

Articolo 18

Articolo 18
solo il nome mi fa venire il cagotto
e vedere che si azzuffan la Camusso con la Mercegaglia
mi fan voglia di gettarmi dalla grande Muraglia.
Per i lavoratori non è il momento di fare i fannulloni
ma di tirare fuori i coglioni
e portare a casa la migliore posizione
sapendo che sarà sempre più una peggiore situazione.
Le pensioni ormai sono andate
e le braghe ce le han calate
ma rimaniam sempre il paese con le gnocche più belle
guai se ci tolgon pure quelle.

La farfallina

Si è posata là
dove può essere adulata
e sol da pochi accarezzata.
Ha le ali arancioni e blu
e mi fa tirar il cazzo su.
Le mutande ce le avevi
ma sei proprio senza peli
ed io ti strapperei anche quei pochi veli.
Lascia le tue rivali insultarti
perché è difficile non invidiarti
e con gli occhi spogliarti.
Hai solo un difetto:
proprio Corona ti porti a letto
che pare pure un po' infetto?
Io - Belen - ti imploro:
fai ancora un video porno con un toro
e ti benedirò con una foglia di alloro.

Lucio Dalla (2012)

Balla balla ballerino
ti meriti questo mio pensierino:
come faranno i marinai
e tutti i benzinai
senza le tue parole
che han fatto crescere la mia prole!

Telefonami dall'altra parte del mondo
dove mi auguro trovi un buco profondo
per te Gigolò
che fai ciao con la mano dal tuo pedalò.

Hai navigato tutta la vita
stella di mare sempre applaudita,
stai attento al lupo
e dedicati ora all'amato buco.

Al colloquio

Già rido sotto i baffi
quando arriva una segretaria rizza cazzi;
sul CV non si fa riferimento
se ama o meno il tradimento
ma capisci molte cose
senza doverle regalare delle rose.
Se alla terza domanda tecnica
apre le gambe con una danza ritmica
allora tienila perché darà soddisfazioni
con i suoi soffoconi.
Se ti arriva con le calze a rete
chiedile subito se ha sete
e quando butta giù tutto
aspetta e vedi se fa un rutto;
questa qui però non fa per te
ma spero che prima ti eri fatto il bidè
ora si tratta di andare all'attacco
per poter dire di aver fatto scacco matto.

La festa delle donne

L'8 Marzo è sempre un gran festone
per noi maschioni in cerca di un orgione;
le donne si aggirano per le vie del centro imbizzarrite
e se vedono un uccello, anche se nutrite,
diventan ancor più agguerrite.

I ristoranti sono delle arene
e ad ogni tavolo noti un finto pene
che a metà serata scompare
e chissà chi se l'è fatto fregare!

Le canzoni intonate sono tra le più grezze e leggere
e cantando tra di loro si toccan le pere;
non voglio poi soffermarmi sui particolari
perché ho visto cose neppure citate dai poeti crepuscolari.
Guai se vi lamentate ancora di noi maschietti
che quando usciamo siamo sempre corretti (!?).

Per te single è ora di darti da fare
perché tutte ste ragazze c'han voglia di scopare,
non osare rinchiuderti in casa presto
ma diventa un toro molesto.

Per te invece che hai comprato una mimosa,
portala alla tua morosa...

Il missionario

Questa volta non si parla di religione
ma di qualcosa che rischia di farti mettere in prigione:
la posizione del MISSIONARIO,
alla lettera A del mio dizionario.

L'uomo è sopra la donna
e se del caso le alza la gonna;
lei contrae i muscoli della vagina
ed è vera adrenalina.
Chi la considera poca fantasiosa
dev'essere una persona noiosa
perché basta mettere un cuscino sulla schiena della fanciulla
ed il clitoride si sente come in culla
massaggiato e coccolato dal peso di lui
che scopre ogni pertugio altrui.

La penetrazione è più efficace
perché il pene diventa mordace,
forse si tocca pure il punto G
che trovi sempre elencato nella rivista di "CHI".

La posizione è molto romantica
e se con una presa plastica
lei ti mette le gambe attorno alla vita
ti puoi ricordare quell'orgasmo tutta la vita.

Gli sguardi negli occhi non mancano,
i baci non stancano,
e poter esagerare con le parole osé dette pure in tono scorretto
ti fanno fare il miglior schizzetto.

Gnocca orientale

Trombare una Geisha è il mio sogno
che è a dir poco porno
perché le orientali
promettono serate da veri maiali!

Mi voglio far coccolare
con il suo plantare
e strapparle di dosso il kimono
per farmi dire 'stai buono'!

Il mio obiettivo è rispondere alla domanda del secolo:
C'hanno la figa verticale
oppure orizzontale?

- - -

I giochi erotici rivelano un mondo innominabile che il linguaggio
notturno degli amanti rende palese. Un tale linguaggio non si scrive.
Lo si sussurra di notte in un orecchio, con voce arrochita. All'alba, lo
si dimentica

Jean Genet, *Diario del ladro,* 1949

Rosso di sera bel tempo si spera

Ogni mese esiste la prova del nove
per capire se è meglio scappare altrove...
Potremmo averla combinata grossa
oppure provare una gioia commossa
perché se le mestruazioni sono in ritardo
inutile che fai il codardo,
ormai hai lanciato il dardo.

Con il mestruo la passerina per qualche giorno
si rifà il contorno
e l'uccellino aspetta in soggiorno
fintantoché non scompare il cartello 'torno'!
C'è invece a chi piace intingerlo nel colore rosso,
può sembrare un paradosso
ma sembra più grosso
e orgoglioso di se spinge a più non posso!

Se invece i colori del tramonto
non compaiano nel racconto
a quelli che non vogliono diventare papà
meglio che comincino a pregà.

Il Kama sutra

36 capitoli di sesso
e ti puoi smanettare fino all'amplesso
con posizioni che sono ancora attuali
nonostante scritte prima dell'invenzione dei cannocchiali.
L'introduzione dura ben 4 capitoli,
alla faccia di chi considera i preliminari ridicoli;
l'unione sessuale ne ha dieci,
dai bacetti alle penetrazioni con le feci.
Poi si parla di corteggiamento, matrimonio e seduzione,
cioè ti insegna a fare bene il marpione.
Si racconta la vita delle cortigiane,
inutile dirvi che sono le attuali puttane,
e si finisce con la spiegazione dell'attrazione,
ma qui lascio a voi leggere il pippone.
Peccato sia stato un indiano
e non un italiano
a scrivere cotanta poesia
che fa entrare la gnocca nella vera borghesia.

Gnocca 2.0'

PornHub, Spankwire, Youporn
e ancora BadJojo, MaxPorn
Yuvutu, Shufuni, PornoTube
e poi Megarotic, xTube
ed infine xHamster, TubeGalore eRedTube.
Aggiornati perché sul web la gnocca
TRABOCCA...

- - -

Nell'erotismo c'è questa gerarchia: chi fa, chi osserva, chi sa.

Karl Kraus, *Detti e contraddetti,* 1909

POESIE PRIMAVERILI

- - -

È sporco il sesso? Certo, ma solo se è fatto bene.

Woody Allen, *Tutto quello che avreste sempre voluto sapere sul sesso*, 1972

Le olgettine...

Ti eri mai accorto che fan rima con VAGINE?

In primavera tutto s'avvera

Non vedi come le giornate si stanno allungando?
Ti accorgi come le fanciulle si stanno spogliando?

L'ormone col caldo è sempre più attivo
e dopo la preghiera col ramo d'ulivo
aspetta la Pasqua per accalappiare la preda
sperando che questa ti si conceda.

Col il cambio d'armadio
esci il tuo armamentario
perché è ora che il tuo desiderio si avveri
anche se questo prevede degli adulteri!

Provo a sforzarmi ed indovinare la tua volontà:
vuoi solo abusare di una gnocca fino a che non ti ubbidirà!

Pulizie di primavera

C'è chi usa la Lumea
e chi si lucida la capea
è ora di far ordine
dopo mesi di subordine;
la primavera è il momento giusto
per depilarsi l'arbusto
e per rendere la vagina come quella di una teen
idonea alla lingua di rin tin tin.
Se hai dei dubbi usa il rasoio
con indosso un accappatoio
perché sexy devi sembrare
ed il più lungo dei peni conquistare.
Ora ti lascio sistemare la mercanzia,
un obbligo sia durante la monarchia che la democrazia!

My free cams

Chi lo avrebbe mai detto
che esistesse un portale web così perfetto:
tu vedi le ragazze che si toccano ovunque,
e ti fanno arrivare lentamente al dunque!

Trovi le belle e le brutte,
le obese e le asciutte,
ma il risultato è sempre lo stesso:
simulano di fare del sesso!

E' il sogno di ogni guardone
poter fare lo spione,
qui però non rischi di essere beccato
e la cosa è un vero peccato.

Sarebbe bello avere qualcuno da temere
mentre simuli di toccarle le pere
 ed essere beccato
per poi venire brutalmente castigato.

Oramai con internet non serve più uscire,
SFIGATO vatti a divertire.

My free cams 2

Tornando a voi,
o meglio a noi,
ci tengo ad introdurvi meglio le potenzialità di questo sito
che piace anche al mio amico Vito.

Dunque: non serve pagare,
basta guardare!
Ci sono modelle che sfileranno per te
con l'obiettivo di sfilarti qualche dinè
attraverso un sistema di mance
per non fermarsi al bacio sulle guance.

Tutte ti mostrano la passerina
ma il rischio è che da un momento all'altro si chiuda la vetrina
perché qualche riccone
si è aggiudicato lo spettacolo privato con quel figone.

Esiste qualche rischio,
ma per ste gnocche me ne infischio!

Oggetti del desiderio

Gli strumenti del piacere invidio alle fanciulle,
perché rendono le doti degli uomini nulle.

Hanno inventato anelli,
dadi, palline ed una varietà immensa di finti piselli
tutti con lo scopo di farle bagnare più in fretta
anche sole nella loro cameretta.

Esistono vibratori di tutte le taglie
per vivaci schermaglie
dentro e fuori la passerina
per farle passare una bella seratina.

Ho letto di palline cinesi
e anche di quelle giapponesi
che si infilano sia di dietro che davanti
e che aiutano noi birbanti
a prestazioni rilevanti.

Dovete divertirvi
ma di solo ciccio ingolosirvi.

La vagina col tatuaggio

Lei andava tutta fiera
della folta chioma nera
che copriva il tatuaggio
di cui si vedeva un assaggio.

L'inchiostro poteva raffigurare qualunque cosa
ed avrei scommesso che fosse una rosa
proprio perché era nel mezzo della foresta
dove noi uomini faremo sempre festa.

Hai capito di che parlo?
Certo è il mio tarlo:
ti racconto di un tattoo proprio nella fica
di una ragazza ardita!

Se ne vedono di tutti i generi:
dai politici alle veneri,
dai floreali ai tribali.

Attenzione, segui la mia raccomandazione:
se proprio di rosa stiamo parlando
mi raccomando,
quelle spine rischiano di bucarti il palloncino
e allora sì che sei in un bel casino.

Una gnocca rossa

Non parlo di imbarazzi
ma di una vera rizza cazzi,
la figa rossa
non va mai rimossa!

Sarà perché sono più rare
e quindi care
ma garantisco che quei pochi fortunati
ne rimangono per sempre ammaliati.

La tradizione non sempre ha ragione
ma qui inutile creare un tormentone
perché si sa che "Rossa de pelo,
mata d'osèlo"!

- - -

Il sesso è l'arte di controllare la mancanza di controllo.

Paulo Coelho, *Lo Zahir,* 2005

Non piangere

La vita non è facile
che tu sia forte o gracile,
i momenti tristi sono molti
soprattutto con l'arrivo di Monti,
ma non dobbiamo mai mollare
per rispetto delle persone care
e per l'amore della vita
che per poco non fa rima con FICA.

Come disse un amico una volta
ad una tipa che piangeva sulla porta:
'non piangere perché la vita è bella
e fa rima con cappella'.

A chi la dà la primavera?

Se il cielo è blu e verde è il prato
con la primavera abbandona il tuo amato.

Le rose sono in fiore, le margherite stanno sbocciando
e la mia virtù sta affiorando.

In riva al fiume cinguetta un uccello
che fa da richiamo al mio pisello.

Intanto una coppia sulla coperta
del petting fa scoperta!

La musica accompagna le loro dolci azioni
Facendo trasparire quelle forti emozioni!

"Bella gnocca, bella gnocca" urla lui tutto eccitato,
e lei risponde indaffarata: "sono appena all'inizio, o mio
amato!"

Il loro gesto si protrae per un bel po',
ed io mi masturbo più che si può!

Belen infortunata (2012)

Anche nelle tragedie
non riesco a pensare a cose serie
quando di mezzo c'è l'Argentina
con la farfalla nella vagina.

Questa volta è caduta dalla moto
e non per colpa della foto
come per la povera Lady D
che dal '97 non è più qui.

Belen stava con il suo nuovo fidanzato
che solo per questo è da tanti odiato.

Sembra che sia stato Stefano a provocare l'incidente,
mi auguro che a letto sia un miglior conducente.

Avrà la bella soubrette urlato
"OHI POR DIOS" con tutto il suo fiato
come quando la tamponava Tobias
certo che non fosse adatta all'opoera pia?

G di Gnocca

G come Grande Orgasmo,
G come Goduria,
G come Grazie per questa scopata,
G come Giusto non rinviare mai una trombata,
G come Giochiamo ancora con la patatina,
G come Gustosa,
G come Gassosa,
G come Gesta amorose,
G come Godimento,
G come Gradimento,
SIAMO TUTTI ALLA RICERCA DEL GRANDE PUNTO
G

G COME GNOCCA

Passerottina Bianconera (campionato 2011/2012)

Dalla B alla A
ci hanno scosso come sul tagadà!
Barzagli, Chiellini
hanno tenuto meglio dei Grillini;
Pirlo e Marchisio
altro che lo Zelig di Bisio,
Matri, Vucinic e Borriello
chissà se saranno già al bordello!

Inutile negare che le moglie bianconere
han tutte delle gran pere
ed un sorriso ammaliante
ma non son per nulla sante...

Voglio chiudere con un saluto a Del Piero
che si è dimostrato un uomo vero
e a 'saracinesca' Buffon
che sarà già tra le gambe del suo figon.

Complimenti dunque per lo Scudetto
ed ora coscia o petto?

Una moto figa

Dopo un torto sulla strada
in una mattinata con la rugiada
si avvicina a me una moto incazzata
pronta per un'azzuffata.
Io mi adeguo
ma non prego
e preparo le mie nocche
anche se più abituate a far bisbocce.

Il pilota si toglie il casco
- vorrei fare il fuggiasco -
davanti a me però appare una figa devastante
ed allora calo le braghe e le lancio il mio sguardo provocante
.

Pace è fatta
ora mi slaccio la patta...

- - -

Facendone un peccato il Cristianesimo ha fatto molto per il sesso.

Anatole France, *Il giardino di Epicuro,* 1895

Carlà se ne và

Già ci manca
e lei non era stanca
di essere la premiere dame
in un momento dove si muore di famme!

Molti si chiedono
e credo non eccedano:
Carlà tradirà Sarkozy
prima o dopo mezzodì?

La neo mamma è disperata
spero di cuore ci mostri la patata
per racimolare qualche dinè
al posto che suonare quella musica sfighè!

Gnocca obesa

La sua forma è completamente diversa
quando è dalla ciccia sommersa;
ci sono grandi montagnole
che spuntano là dove non batte il sole
e poi se scavi tra la cellulite
forse trovi ciò che mette al mondo molte vite!
Ti dirò che a me piace anche questa
che sia depilata o una foresta
l'importante è che lei stia sotto
o la mia schiena fa il botto.

L'arte dello squirting

Lo squirting è un orgasmo vaginale
da non confondersi con quello anale...
si ottiene sfregando il punto G molte volte
in modo sempre più forte
fino a svegliare il residuo prostatico,
ed entrare in un momento estatico.

Si tratta quindi di non riuscire più a trattenere la pipì
e farla proprio lì.
Il liquido giallo espulso con violenza si fa chiamare Squirting,
è proprio una eiaculazione al femminile
ma decidete subito chi deve pulire!

Donna nana tutta tana

Le proporzioni non mentono
soprattutto se oltre a vedersi si sentono;
ecco allora come è nato questo detto
che come tanti si basa su un difetto:
se inserisci la banana
in una stangona con la sottana
e dopo di lei fai sesso
con una nana pure cesso,
fammi sapere se entri in entrambi i buchi
o ancor peggio se sbuchi.
Ti accorgerai che anche la nana
può tranquillamente inglobare la tua banana
allora la proporzione è rispettata
e ti sei meritato un'altra sana scopata.

La greca

La Grecia è un paese fallito,
e di aver inventato l'ouzo è pentito;
ma chi non ci metterebbe un dito
tra le gambe di una bella isolana
scoprendo che la sua tana
è comunque sana?
Da Mikonos ad Atene
qualcuno uscirà il pene
e spargerà il suo seme
per una rinascita economica
prodromica
ad una moneta tonica.
Parliamoci chiaro: c'è chi spera che con la crisi
la gnocca greca regali più sorrisi...
mi auguro invece che nessuno rimanga deluso
perché c'è pure il rischio di un sopruso!

O vulva mia adorata

O vulva mia adorata,

Sempre da me tu sarai osannata!

Quel tuo profumo accattivante

Ti rende ancor più eccitante,

Non scordarti il mio richiamo

Perché io ti amo!

- - -

Sul sesso, tutti mentono

Robert Anson Heinlein, *Lazarus Long l'Immortale,* 1973

POESIE ESTIVE

- - -

La donna è come un libro che, buono o cattivo, deve piacere fin dalla copertina.

Giacomo Casanova, *Storia della mia vita*, 1962

Patata bollente

Bella o brutta che tu sia
devi essere mia
Pelosa o depilata
ti devo dare una passata
Con le labbra grosse o sottili
l'importante è che tu mi fili
Ma due cose proprio non sopporto
e preferisco essere morto:
se la gnocca ha un odore malsano
non ti sfioro neppure l'ano,
se invece é troppo bollente
la tua patata mente!

Vacanze inibitorie

L'estate è alle porte
chissà cosa mi lascerà in sorte
dopo le vacanze con le amiche
tutte delle gran fiche.

L'idea è di darla a tutti
belli e brutti
per godere appieno della vita
dopo un inverno di fatica.

Il costume l'ho comprato
per lo sguardo arrapato
di quel depravato
che mi ha conquistato.

Ora passiamo ai fatti
lasciando stare i patti
accontentando gli insoddisfatti
allupati come ratti.

"La mia vagina è in vacanza"
urlo col tutto il fiato in panza
la darò via con abbondanza
in barba all'ignoranza!

La maturità

Se sei pronta
per l'attività di monta
questo è ciò che conta;
ma non deve essere troppo presto
non solo per l'arresto
ma per tutto il resto.

Deve essere un piacere
farti toccare le pere
e sentire insinuarsi nel sedere
quando l'età è quella giusta
per godere della frusta
e apprezzare una nerchia robusta.

La maturità del sesso
è la migliore per raggiungere l'amplesso.

Mattino, mezzogiorno, sera e pure di notte

Me lo illumini d'immenso...

- - -

Non importa che sia "del paradiso", una donna, porta. Importa soltanto che sia una porta.

Guido Ceronetti, *Pensieri del tè,* 1987

Fica di cemento

Sacramento

Che tormento

La fica di cemento

Ma non mi pento

Di quel che sento

Di una scopata sottovento

Del lamento

Lento e cruento

Simil seicento

Sto più attento

Che l'elemento

Non sia spento

Anche quando è tutto sanguinolento

Tommasi e Minetti porche sotto i letti

E' notizia di qualche tempo fa
che due "politiche" si son date da fà
non più nei salotti bene
ma tra un cazzo ed un pene!
Trattasi di Sara Tommasi,
da cui siamo persuasi,
e di Nicole Minetti,
difficile trovarle dei difetti:
sono proprio due porcelle
che han sempre 10 nelle pagelle
di noi poveri mortali
senza sei zeri nei salari.
Una mostra il sedere
da statua delle cere
l'altra partecipa ai bunga bunga
con la sua gambalunga.
Sto già contando le ore
per vederle nelle pose
di un film porno
senza il quale non c'è più ritorno;
il mondo intero conoscerà le loro forme
e molte seguiranno le orme
di queste brave ragazze
più porche che pazze!

Andiamo?

Se vuoi fare un po' di relax
lontano da smartphone e fax
sali in macchina e corri verso l'Austria
per una nottata esausta.
Non scordarti di passare in farmacia
prima che l'uccello vada in avaria
perché senza la pillola blu
dopo una volta non si rizza più.
Tra un cocktail ed una sauna
devi valutare la fauna
che gira nuda intorno a te,
mi auguro dopo un bel bidè.
Ora tocca scegliere la prima passerina
che avrà la più bella vagina
perché alla seconda scopata
la cerchi solo depilata.

Ti lancio un solo RICHIAMO,
ANDIAMOOOO?

I Coupon di Groupon

Un'idea da girare a Groupon:
perché non mettete una gnocca come coupon?
Son convinto che sarebbe un successone
soprattutto se le ragazze sono delle gran maialone;
vero che non troverai verginelle
ma solo puttanelle brutte e belle!
Il problema sarà trovare un buco libero
per soddisfare il mio piacere effimero
e della loro disponibilità
per una richiesta di incondizionata omertà.
Difficilmente hai il coraggio di ritornare il coupon
se la prestazione è stata troppo bon ton
perché se il bigolo non si è indurito
puoi sempre utilizzare il dito!

Forza Azzurri – Euro 2012

Non dovete avere distrazioni
ma dedicarvi a diventare campioni
perché noi vogliamo questo trofeo
che ha un valore extraeuropeo.

Unica concessione una trombata foresta
ma deve essere lesta
per tornare poi ad allenarvi
con tutti i nervi saldi.

Tenete a bada quel cavallo pazzo di Balotelli
che ci può far passare per viziatelli
mentre sappiamo che vuol dire "soffrire per la vittoria"
e trombare sempre per la gloria.

A De Rossi e Buffon il compito di difenderci
perché non vogliamo arrenderci
davanti alla corazzata Tedesca
non amanti di una bella tresca.

Forza Azzurri vincete per noi
diventerete i nostri eroi
e le gnocche si apriranno tutte
per essere lasciate a terra distrutte.

Spiaggia nudista

Che bella esperienza
uscire la lenza
in un ambiente informale
dove se sale non c'è nulla di anormale

L'imbarazzo di spogliarsi
e poi la paura che si alzi
quando vedi tutti i tipi di gnocche
dalle figone alle brocche

Inutile che scavi un buco nella sabbia
rischi solo la scabbia
per sbollire meglio farsi un bagno
oppure mostra a tutti il tuo bisogno
affinché si trasformi in una orgia
con lo stile di Lucrezia Borgia

Sushi pussy

Ti immagini se una gnocca giapponese
si facesse scopare solo una volta al mese
e avesse lo stesso sapore del sushi?
I love that pussy!

Se anche la consistenza
fosse simile al pesce in lenza
la cosa mi farebbe impazzire
e solo il pensiero mi va venire.

Spero non sia solo una prelibatezza Giapponese
perché tali sorprese dal nostro arnese
sono per lungo tempo attese;

Secondo me basta quindi lavarsela meno
per godere appieno
di questo sapore
che fa scoppiare l'amore.

Evviva la fica che sa di pesce
vedrai come l'uccello cresce!

Gnocca bagnata... sei fortunata!

Meno fatica per lui
anche nei peggiori bui
perché la strada è aperta
attenti a non bagnare anche la coperta!

Il rumore è piacevole
e l'accesso assai agevole
è ora di arrivare a toccare il fondo
vedrai che gode un mondo!

- - -

La donna sarà sempre il pericolo di tutti i paradisi.

Paul Claudel, *Conversazioni nel Loir-et-Cher,* 1935

Preghiera

Adamo ed Eva
meritereste una scoresa,

l'Eden poteva essere nostro
invece siam qui a pregare nel chiostro:

Santi tutti pregate per l'umanità
affinché non sia difficile cedere la verginità.

Tutti i Papa riuniti
dateci dentro con i vostri riti

affinché noi possiamo godere della vita
soprattutto del seno e della fica.

Noi ci dedichiamo a cose pagane
che sian vergini o puttane.

Gesù Giuseppe e Maria
fa che di gnocca sempre ghin sia!

Gnocca di colore

Descrivo ora
una gnocca mora,
meglio ancora una con la pelle nera
perché me la farei da mattino a sera.

Tutto intorno c'è foresta
c'é chi scappa e c'è chi resta
io sicuro rimango ad osservare
perché c'ho voglia di scopare.

Quando capisci da che parte è orientata
comincia la passeggiata
e ora gustati la meritata cavalcata.

Lo schizzetto fará uno strano effetto
tra le gambe ed il suo petto
perché avrà il colore fluo
via pronti per il duo.

Che meraviglia la patata nera
lei sì che regala una emozione vera
anche se nel mezzo sono tutte uguali
ma come fa sesso lei non ha rivali,
sembrano riti tribali!

Gnocca olimpica (2012)

Sono cominciate
e dentro quelle camere quante trombate...
La torcia olimpica è accesa
ora lotta alla medaglia contesa.

Gli americani rappresentati dal rosso
lotteranno a più non posso;
il giallo è degli asiatici
decisamente i più acrobatici!

Azzurro è abbinato agli oceanici
spesso bionici;
il verde invece è il vecchio continente
la cui virtù non mente.
Gli africani sono il cerchio nero
col cazzo lungo se visto per intero.

'Italians do it better' è il nostro motto
ben rappresentati da Pellegrini e Cagnotto!

Aspettiamo ora di vivere innumerevoli emozioni
fatte di risultati e tensioni
in attesa di altre novità
come la gara di chi ce l'ha più depilà!

Pellegrini vinci per noi (2012)

Adoro la tua spontaneità
e la tua voglia di gareggià.
Amo le tue dichiarazioni
dove ammetti di fare dei grossi soffoconi.

Ma ora dentro la vasca non pensare al bel Filippo
devi vincere perché è anche un nostro diritto,
sei stata la migliore nuotatrice italiana
non farmi passare per quello che ha interesse solo per la tua
tana...

Ammetto però che un pensierino l'ho fatto
tra un'onda ed un'altra avrei sguazzato
come un matto e nel tuo corpo muscoloso,
io goloso,
potrei essere molto pericoloso!

La trasformazione:

Bianca e profumata
appare lei alla neonata.

Rosa e trasparente
sembra essere più evidente,

con il tempo viene avvolta dai colori
e sbocciano i primi amori.

Nell'adolescenza si presenta delicata e sensibile
e comincia ad essere più appetibile.

Si formano le labbra così dolci ed ammiccanti
che mi chiedono di farmi avanti.

Il tempo passa e decide di sposarsi
con quello che più lungo ha saputo dimostrarsi.

Nuovi amanti si scorgono al suo interno
che comincia ad essere simile all'inverno.

Bianca bianca
è quella cosa che a tutti gli uomini manca;

a nessuno più interessa
in quel poco tempo che gli resta.

Insensibile e senza forma
con gli anni si trasforma.

Io ne sono innamorato
e questa sua descrizione lo ha dimostrato!

Ricominciare

I banchi di scuola si rianimano allegramente
da giovani che sfruttano tutta la loro mente.

Sono impegnati nei loro studi
anche se son ancora crudi...

Sono attenti, sorridono e parlano sempre più spesso
fino a quando chiedono di andare al cesso!

Tutti cercano l'anima gemella,
lui si atteggia e lei si fa bella.

I ragazzi scrutano tutti i volti femminili
e tra loro commentano con parole scurrili:

"Bella gnocca" si sente sussurrare,
"Fatti da me amare!"

- - -

La donna, solo il diavolo sa cos'è.

Fëdor Dostoevskij, *I fratelli Karamozov,* 1880

Start Up

Tutti si chiedono quale sia un business vincente,
una start up che possa essere convincente:
ma cazzo ce l'abbiamo sotto il naso
ed io ne sono completamente persuaso.

Trattasi della gnocca, un business illegale
ma che piace e fa far soldi a pale!
E' assurdo che il lavoro più vecchio del mondo
oggi sia considerato immondo
quando ci sono famiglie che vivono di questo
rischiando sempre di trovare un cliente molesto!

Pagherò le tasse con la mia srl
perché voglio che quelle porcelle
siano sempre controllate
e mai ammalate...
e se dopo un periodo decidiamo di cambiarle?
Sta nella norma perché a nessuno di noi va di ingabbiarle!

Lezione di anatomia femminile

Quanti buchi hanno le signorine
nelle loro vagine?

Partendo dall'alto troviamo il "buco della pipì";
scordatelo, proprio non ci entri lì!
E' semplicemente un collegamento con i reni
e l'urina che esce ti fa dimenticare gesti osceni.

Scendendo poi troviamo la grande tana
decisamente non di porcellana:
da questo buco ci passan cazzi discreti
fino a grandi feti.

Arriviamo infine al buco nero
da intenditore vero:
la penetrabilità è data da molto allenamento
ma poi il piacere è vero godimento!

Vagina Bay

Navigando per la Croazia
vedo una baia che di cazzo non era mai sazia:
il suo nome ho scoperto essere "Vagina Bay"
soprannominata anche "Go voja de osei"!

Volevo stare al sicuro
ed così al suo interno mi avventuro
tra alghe scure e piccole insenature
le mie palle diventano sempre più dure!

Con il barchino mi avvicino
al monte Puberino;
l'umidità sta aumentando
non si starà mica eccitando?

Ho paura di quello che può accadere
dunque mi metto a sedere;
spengo il motore e comincio a remare
ma il punto G vado a toccare!

Nella mappa è segnato con un'onda anomala
con una dicitura: "per domarla amala!"
Dentro di me penso che le vagine siano tutte uguali:
diventano indomabili con i dolori mestruali!

La Bat-Caverna

Neppure nell'ultimo film il pipistrello
infila il suo pisello, ma lo sapete
che se non gli fate vedere un paio di pere
si ammazza di seghe?

Anche a noi spettatori,
eccitati come tori,
non ci regalano mai un paio di tette...
'ste crisi economiche maledette!

Vorrei vedere Batman all'azione
mentre prende posizione
entrarle nel bel buchetto
per fare lo schizzetto!

Speriamo che anche il suo sperma non abbia strani poteri
perché altrimenti il facial può creare problemi seri!

Miss Italia 2012

100 passerine
pronte a diventar regine
dopo aver provato ad esser veline.

Son da tutta Italia
e non indossano alcuna maglia
per mostrar le loro forme
ed il loro ego enorme.

Quest'anno le fanno parlare
come se avessero avventure da raccontare, ma forse non hanno
capito che l'uomo su di loro si pone un unico quesito:
chissà come si depila la vagina
la futura regina!

- - -

Con una donna si possono fare soltanto tre cose: amarla, soffrire per
lei o farne letteratura.

Lawrence Durrell, *Justine,* 1957

Utopia della gnocca

E' così che immagino una gnocca perfetta:
intanto deve rimanere giovane senza fialetta,
poi deve avere un imene ricostruibile
perché innegabile che una vergine sia più appetibile.

Le labbra devono sporgere un pochettino
ma non devono negare la vista del buchino
che regala sempre emozioni uniche
pure per quelle che indossan le tuniche.

Il clitoride deve essere sporgente
e sensibile al tatto del dente
che deve procurare molte emozioni
per non parlare delle eiaculazioni.

La forma della peluria,
per procurare una costante goduria,
dovrebbe modificarsi col tempo:
da depilata a quella di Rossella O'Hara di "Via col vento".

Inutile negare che tutte le vagine sono belle,
ma cazzo! depilati le ascelle!

La finestra di fronte

Proprio ieri l'ho vista
ed il mio obiettivo era la sua conquista;
era nella sua camera da letto
che ha una vista sul mio gabinetto.

Non chiedetemi se era bella o brutta
ero troppo preso dal pensiero di scoparmela tutta;
non ho fatto caso alla faccia
avevo già impugnato il fucile per darle la caccia.

Quando poi si è spogliata
e ho visto che era depilata
allora ho messo in canna un proiettile
che nel frattempo era diventato erettile.

Mai mi sarei aspettato di vederla toccarsi
e poi improvvisamente fermarsi
vedendomi nel mio gabinetto
mentre facevo lo schizzetto!

La masturbazione femminile

Si tocca le tette
come le han insegnato le amichette,
parte dalla parte esteriore
per arrivare poi al cuore,
al capezzolo ormai inturgidito
fino al punto di essere infastidito.

Poi arriva alla coscia che si sfiora delicatamente
per accedere alla parte più irruente
ormai umida dalla voglia...
"è ora che mi spoglia!"

Prima le grandi labbra e poi il clitoride,
le mucose si trasformano da aride a floride;
è proprio allora che si insinua con il dito
e comincia il prodigioso rito.

Su e giù è il movimento dell'amore
che sfriziona facendole cambiare l'umore
e rendendola docile come un gattino
fino a fare un lago nel lettino.

Perché non ce la date più spesso
piuttosto che cercare da sole l'amplesso?

La settimana della moda

É la settimana più eccitante
e Milano di gnocca é abbondante;
si incontrano modelle di ogni età,
colore e nazionalità.

Gli studenti smettono di studiare,
i lavoratori non pensano a lavorare
e tutti si buttano nelle strade
per vedere 'ste gnoccolone sfilare.

Se sei fortunato trovi una donzella
anche un po' porcella
che non solo ama scostare la gonnella
ma ti succhia pure la cappella.

La settimana della moda...
tanta roba!

And the Oscar goes to...

Per la migliore performance alla cavallina:
l'oscar va alla vagina!

Per la migliore maialata:
l'oscar va alla fica depilata!

Per la miglior trombata con rabbia:
l'oscar va alle grandi labbra!

Per il gusto da albicocca:
l'oscar va ad honorem alla gnocca!

Per il sogno sessuale più gioioso:
l'oscar va al cespuglio rigoglioso!

Per la risata sessuale più coinvolgente:
l'oscar va al clitoride sporgente!

Un premio speciale alla diva più raffinata:
la magnifica figa bagnata!

POESIE AMICHE

- - -

Le donne sono tante serrature in cerca di scatole.

Carlo Dossi, *Note azzurre,* 1906

Dove andare in vacanza

Se sei ancora indeciso sulla meta del tuo viaggio
prova a sceglierla considerando qualche extra vantaggio:
l'Europa offre molta arte e storia
e se ti scopi una anche gloria;
in America ci sono grattacieli,
spiagge e messicane coi peli,
le girls non son proprio dei fuscelli
ma quelle tette grosse arrizzan piselli;
in Africa puoi scegliere un safari nella savana
e le donne amerebbero molto la tua banana;
l'Asia poi ha tesori che accendono ogni fantasia
e le orientali del sesso hanno proprio la mania.
Puoi scegliere altrimenti i paesaggi dell'America latina
con quelle allupate che spompinano dalla sera alla mattina.
Rimane infine l'Oceania e i suoi luoghi ameni
dove le donne gareggiano a chi usa più peni...
E se proprio sei condannato a non andare in vacanza
non continuare a masturbarti con costanza,
piuttosto organizza un weekend estivo
che non lasci imeni intatti per un amore tardivo.

by the Scene Queen

Vacanza a Bali

Dopo molte ore di volo
ho in mente un pensiero solo:
liberare un po' i coglioni
troppo stretti nei pantaloni!

Non intendo solo indossare i bermuda
ma anche cercare una donna nuda,
che sia balinese o anche una turista
basta godere sia col cazzo che con la vista.

Mi rendo conto solo adesso
che non è semplice trovare il desiderato amplesso:
infatti le donne sono tante e nemmeno cozze
ma sono tutte in viaggio di nozze!

Prenderò un motorino in cerca di altre spiagge
ma anche qui trovo ragazze troppo sagge;
dico "My dick is one-meter long"
e rispondono "Sing me a marriage song".

Comincio dunque ad offrire incensi in un tempio
per il mio desiderio empio
quand'ecco che una ragazza mi offre un massaggio
e io della sua fica prenderò pure un assaggio.

by the Scene Queen

Memorie di una Gheisha

Fin da quando ero una bambina
mi insegnavano il senso del dovere
a dar valore alla mia vagina
e l'arte fine di compiacere.

Poiché una donna deve essere intrigante
nella danza e nel canto ero addestrata,
a servire il the in modo affascinante
e tenere la mia vulva ben depilata.

La virtù femminile è comune a tante
ma non tutte sanno come ammaliare un uomo
se sai far fruttare la fortuna che hai tra le gambe
potrai azzardare qualche capriccio e tenertelo buono.

A letto comanda il maschio e le sue voglie
la Gheisha lo asseconda e si sottomette
ma fuori dall'alcova è lei la regina e a casa la moglie
ma non trovi l'uomo che l'ammette.

by the Scene Queen

Mile high club

È già finita la vacanza,
al lavoro torna il mio pensiero
ma in aereo godo della vicinanza
di un maschio bello e straniero.

Fanno solo film vecchi
e il tipo è piuttosto annoiato,
io lo guardo di sottecchi
e lui sorride eccitato.

Mi alzo per andare in bagno
ma non riesco a chiudere la porta
che il figo entra come in un sogno
e dà palpate di ogni sorta.

Nella smania siam piuttosto rumorosi...
la hostess bussa insistentemente,
la tiriam dentro e chiaviamo estrosi
ed entrambe succhiamo voracemente!

Usciamo barcollanti, questa avventura non si scorda!
Quindi ora ti avviso, chiunque tu sia:
guarda bene se in volo una ragazza ti abborda
perché sicuramente questa sarà la mia nuova mania!

by the Scene Queen

Il miglior amico delle donne

Esistono molte citazioni e teorie
ma vi assicuro, son solo fantasie,
nate per nascondere la mia vera identità
d'amico del gentil sesso d'ogni età.

Si dice siano i fiori o i diamanti,
e non son nemmeno idraulici ed amanti,
le donne spesso sono troppo cerebrali
e han bisogno di evasioni decisamente immorali.

Il miglior amico delle donne non è una borsa firmata,
non è la mamma e nemmeno la cioccolata.
Solo io ho questo primato,
la prova è che le lascio sempre senza fiato.

Sono grande, colorato e divertente
conosco mille mosse ma non son troppo galante,
anzi le donne ci danno dentro in modo netto
mi tengono sempre accanto al letto.

Prova ad indovinare, quasi ci sei,
no, non sono nemmeno l'amico gay!
Sono nato per la vagina, per stimolarne l'ardore,
sono proprio spudorato, sono il vibratore!

by the Scene Queen

La gnocca ad Udine

Ho fatto un incursione
 e ho raggiunto una conclusione:
patata calda la mattina,
ti da salute come una vitamina;
patata bagnata il pomeriggio,
ti rinvigorisce il pistillo;
patata umida la sera,
ti fa capire che è finalmente venuta l'ora di chi spera,
spera in un emozione
e son 70 euri con cognizione,
cognizione di un dove e di un come,
forza ragazzi andiamo tutte le ore..
E chi e` di Udine lo sa, tanta patata a volontà (e qualità).

by CR

SONDAGGI DAL BLOG
www.larimacolpelo.com

- - -

Spesso la donna italiana è cuoca in salotto, puttana in cucina e signora a letto.

Ennio Flaiano, *Diario notturno,* 1956

Diversi modi per dire "vagina", qual è il più usato?

1. Fica/Figa: 46%
2. Patata/Patatina: 20%
3. Mona: 6%
4. Fregna: 5%
5. Passera/Passerina: 4%
6. Topa: 4%
7. Patacca: 3%
8. Sorca: 2%
9. Bernarda: 2%
10. Pisella: 2%
11. Vulva: 1%
12. Frittola/Frittella: 1%
13. Pota: 1%
14. Brugna: 1%
15. Triangolino: 1%
16. Patonza: 1%

Totale voti: 98

Sei d'accordo con la Vaginoplastica?

1. ho una vagina fantastica, quando mi dicono "te la magnerei" sono ancora più orgogliosa:

   55%

2. stiamo scherzando, Dio ha fatto la vagina in base alle sue scelte e cosi dobbiamo/dovete tenercela/vela:

   36%

3. mi vedo brutta tra le gambe, ne avrei bisogno:

   9%

4. amo una vagina perfetta, io la consiglio:

   0%

Totale voti: 66

"L'origine del mondo" è il nome di questo dipinto, sei d'accordo sulla scelta del titolo?

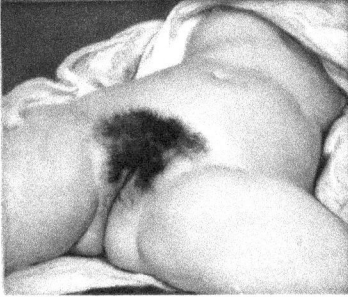

Musée d'Orsay: Gustave Courbet L'Origine del mondo

1. Lo trovo azzeccato perché velatamente ironico:

68%

2. Visto l'oggetto, che lascia poco all'immaginazione, avrei voluto un titolo più incisivo come: "Vagina del 1866: golosa ma pelosa":

23%

3. Preferivo qualcosa di più raffinato come: "Dolce riposo di una fanciulla dopo un'intensa attività fisica":

9%

Totale voti: 49

Note sull'autore...

Mastro Marietto, un poeta appassionato dal 1999

BLOG di riferimento:
www.larimacolpelo.com

- - -

Ciò che tiene insieme il mondo, ho imparato a mie spese, è il rapporto sessuale.

Henry Miller

www.ingramcontent.com/pod-product-compliance
Lightning Source LLC
Chambersburg PA
CBHW061730020426
42331CB00006B/1180